Liebes Schulkind!

In diesem Heft lernst du Reimwörter finden und schreiben und sogar selber lustige Verse und Sprüche reimen.

Das sind die wichtigsten Tipps:
- Sprich die Wörter langsam und deutlich.
- Hör genau hin und lausche ihrem Klang.

Mit den Lernbeweisen zeigst du, was du schon alles kannst. Wenn du übst und einen Lernbeweis geschafft hast, darfst du auf der Sternenseite vorn im Heft den passenden Stern anmalen.

Hast du das Lernheft bearbeitet und alle Sterne angemalt, unterschreibt dir deine Lehrerin oder dein Lehrer die Urkunde.

Die Urkunde bestätigt, dass du das Ziel „Ich kann Reime finden, lesen und schreiben" erreicht hast. Du darfst sie ausschneiden und in deinem Ordner oder in deiner Lernschatzkiste sammeln.

Viel Erfolg beim Lernen!

iese Zeichen begleiten dich durch das Lernheft.

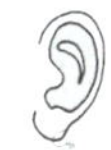	hören und lauschen
	verbinden
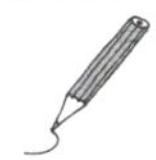	einkreisen
	schreiben
	schneiden und kleben
	Profiseite
!	Lernbeweis

Sie zeigen dir, wie du die Aufgaben bearbeiten sollst.

1 Ich kann Reimbilder verbinden

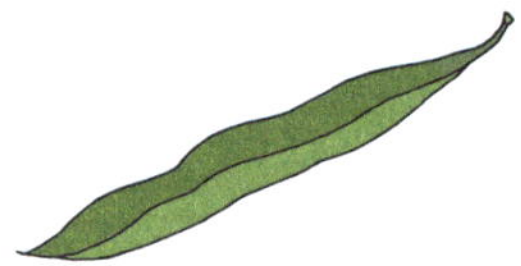
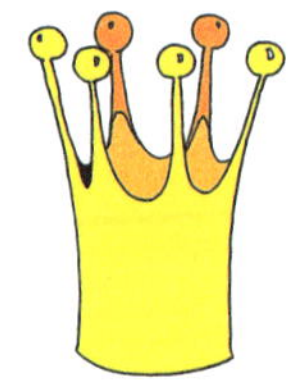

Ich kann Reimbilder verbinden

2

3 Ich kann Reimbilder verbinden

Ich kann die Reimbilder am richtigen Ort aufkleben

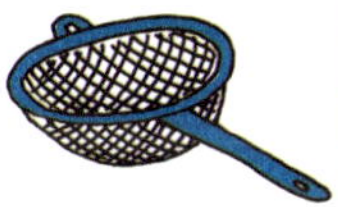

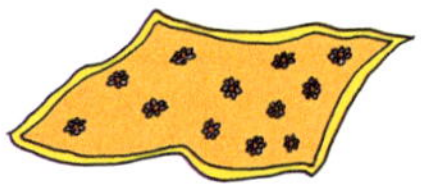

Ich kann die Reimbilder am richtigen Ort aufkleben

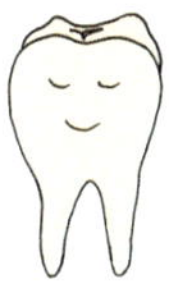

Ich kann die Reimbilder am richtigen Ort aufkleben

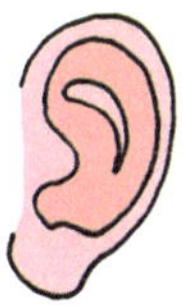

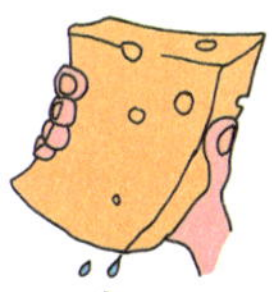

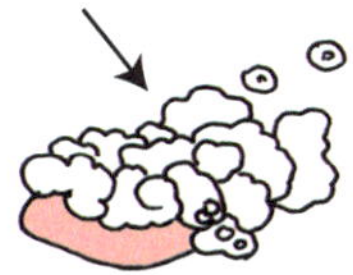

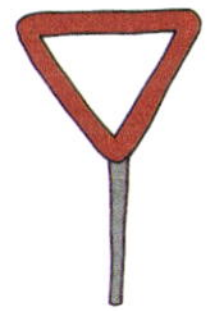

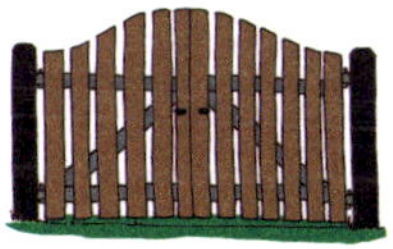

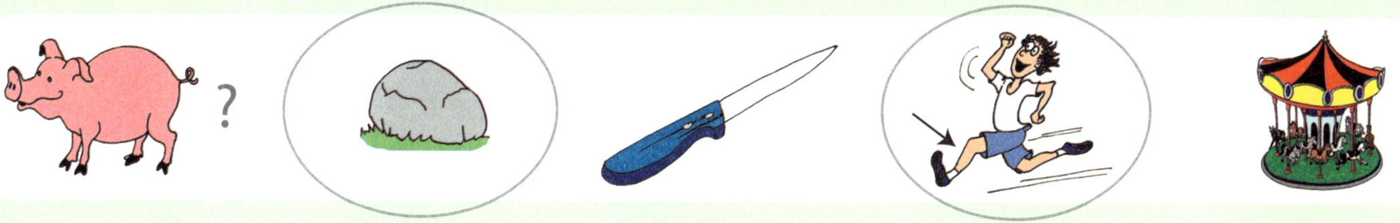

8 Ich kann zwei Reimbilder einkreisen

 ?  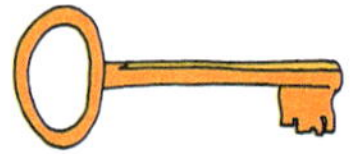  

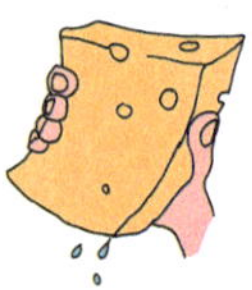 ?    

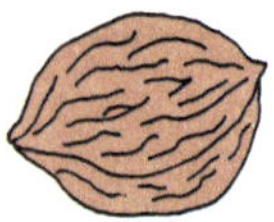 ?    

 ?    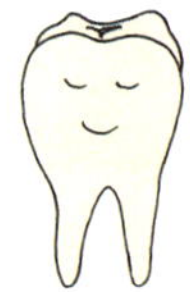

Ich kann Reimbilder verbinden

10 ! **Lernbeweis 1** - Ich kann Reimbilder verbinden

So kann ich es:

Das denkt mein/e Lehrer/in:

Meine Unterschrift

Unterschrift Lehrer/in

Ich kann Reimwörter verbinden

Hügel		Klasse
Kasse		Schaum
Raum		Zügel
Decke	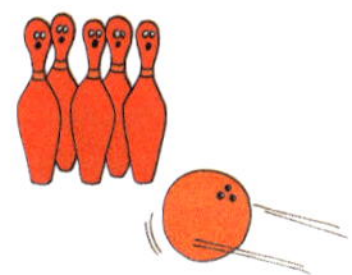	Flegel
Segel		Hecke
Blut		Schaden
Laden		Wut

12 Ich kann Reimwörter verbinden

Fest

Maus

Flasche

Kopf

Wabe

Mund

Land

Test

Laus

Topf

rund

Masche

Band

Gabe

1

Feuer

Feder

Taube

Turm

Kind

2

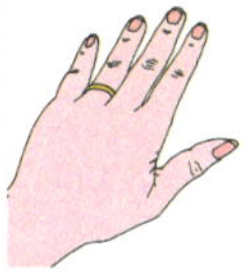
Hand

Eule

Stift

Brot

Bügel

3

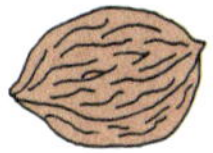
Nuss

Wurst

Geige

Hund

Gabel

1

Haube
Sturm
Leder
teuer
Wind

2

Wand
Keule
Gift
Hügel
Not

3

Kuss
Feige
Pfund
Durst
Kabel

1		2	
Reim		Wunde	
Nudel		Schlange	
Wort		Kraft	
Bild		Koch	
Mantel		blau	
Wind		Welt	
Wein		Reise	

1	2
Heim	Runde
Ort	Zange
Rind	Zelt
Hantel	Loch
Schein	Saft
Pudel	schlau
Schild	Meise

Löwe	Schal
Wal	Turm
Osten	Magen
Wurm	Möwe
mein	Kosten
Rauch	Bauch
Wagen	dein

Feld	Frau
schlau	Meise
nett	Held
leise	Kraft
laut	Bett
Saft	hell
schnell	Braut

16 Ich kann Reimwörter verbinden

Fisch	Beine
Leine	Buch
Maus	Tisch
Gans	Hans
Tuch	Haus
Mund	Stein
Bein	Hund

Rose	Katze
Tatze	Raum
Baum	Dose
Nase	Sand
Berg	Blase
Wand	Stall
Ball	Zwerg

R aum

B

B uch

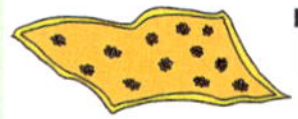
T

T ee

Kl

P udel

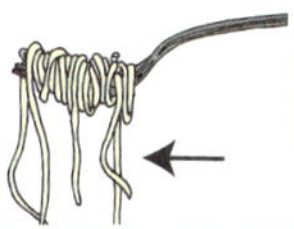
N

B auch

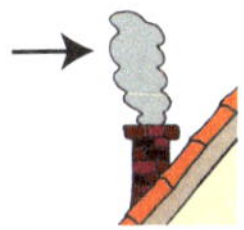
R

T al

W

H upe

L

M aus

H

T isch

F

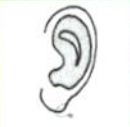 

Ich kann Reimwörter schreiben

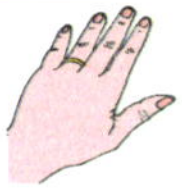

H and
L
W
S

F all

B
Kn
St

B ank
kr
bl
Schr

H ügel
Z

Fl
B

T üte
G

H
Bl

W ind
s
R

K

Spiegel	Lift
Stift	Traum
Beule	Siegel
Regen	Keule
Baum	Segen

So kann ich es:

Meine Unterschrift

Dolch	Mofa
Sofa	Beil
Seil	Molch
Insel	Segen
Regen	Pinsel

Das denkt mein/e Lehrer/in:

Unterschrift Lehrer/in

Ich kann Reime schreiben

1, 2, 3, 4, **5**,
Stiefel, Schuh und __________,

5, 4, 3, 2, **1**,
besser noch als __________,

6, 7, 8, 9, **0**,
tra, tre, tri, tro, __________,

0, 9, 8, 7, **6**,
sprach die alte __________.

trull

Hex

keins

Strümpf

Die Meise

Die kleine Schnecke

Der Elefant

Der braune Hase

Der kranke Hund

kommt schon gerannt.

kriecht in die Hecke.

wird bald gesund.

singt leise.

sitzt im Grase.

Alle Katzen

Die Ameise

Die Wurst

Grüner Klee

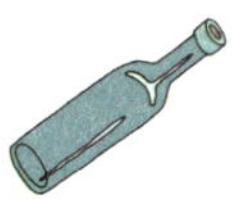

Pack die Flasche

krabbelt leise.

haben Tatzen.

in die Tasche.

wächst am See.

gibt Durst.

Auf dem bi-ba-bunten **Berg**

wohnt ein bi-ba-bunter ____________________.

Jeden Tag isst er ein **Ei**

1, 2, **3** und du bist ____________________!

2, 4, 6 und **8**,

der Geist spukt in der ____________________.

Er heult durchs alte **Treppenhaus**

und du springst aus dem Bett ____________________.

Zwerg

frei

heraus

Nacht

Ich kann Reime schreiben

1, 2, 3, **4**,
auf dem ________________,
läuft eine **Maus**
und du bist________________.

Li, la, **lo**,
fang den ________________,
Du bist **aus**!
Fang die ________________!

Ich und **du**
Müllers ________________,
Müllers Esel,
der bist ________________!

raus

Klavier

Maus

Floh

du

Kuh

Morgens früh um **sechs**
kommt die kleine ____________.
Morgens früh um **sieben**
schabt sie gelbe ________________.
Morgens früh um **acht**
wird Kaffee ________________.
Morgens früh um **neun**
geht sie in die ________________.
Morgens früh um **zehn**
holt sie Holz und ____________.
Feuert an um **elf**
Kocht dann bis um ____________.
Fröschebein und Krebs und **Fisch**
Hurtig, Kinder, kommt zu ________.

Rüben

Scheun

Hex

Tisch

zwölf

gemacht

Spän

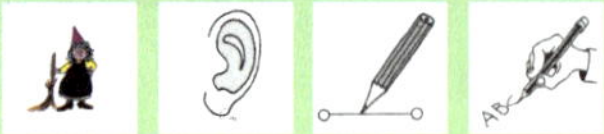

Lernbeweis 3 - Ich kann Reime verbinden

Ein Federchen flog durch das Land.

Die Feder sprach: „Ich will es wecken!“

Aufs Nilpferd setzte sich die Feder

Das Nilpferd sperrte auf den Rachen

Sie liebte, andere zu necken.

und musste ungeheuer lachen.

Ein Nilpferd schlummerte im Sand.

und streichelte sein dickes Leder.

Joachim Ringelnatz

So kann ich es: 

Das denkt mein/e Lehrer/in: 

Meine Unterschrift

Unterschrift Lehrer/in

Urkunde

für

____

„Ich kann Reime finden, lesen und schreiben“

Herzlichen Glückwunsch!

Unterschrift Lehrer/in ______________________